György Konrád:

Donau – Lektionen über einen europäischen Strom

„Wer den Fluß achtet, der achtet auch seinen Nächsten.
Man kann die Donau heilen und auch pflegen,
man kann darin schwimmen, Boot fahren und darauf reisen,
man kann sich in Gesellschaft der Donau meditativer Ruhe
überlassen, man kann vom Ufer aus die Schiffe beobachten,
und man kann, von den Steinstufen ins Wasser blickend,
jemandem seine Liebe gestehen und an unsere Toten denken."

György Konrád, 2008

Eine literarische Reise der Europäischen Donau-Akademie

György Konrád

Donau

Lektionen über
einen europäischen Strom

Ulmer Reden über die Donau

Donauanhörung (1998)
Von der Donau – Beteuerungen und Träumereien (2008)
Was sagt uns der große Fluss? (2012)

Herausgegeben von Erhard Busek und Peter Langer
Aus dem Ungarischen von Hans-Henning Paetzke

edition *Der*Strom

Herausgegeben von der Europäischen Donau-Akademie
89077 Ulm, www. donauakademie.eu

Redaktion: Peter Langer und Ulrich Klemm

Band 1: György Konrád: Donau-Anhörung,
Ulm 2008, ISBN 978-3-932577-96-3
Band 2: Gregor Mirwa: Berblingers Gang,
Ulm 2011, ISBN 978-3-86281-036-1
Band 3: György Konrád: Donau – Hauptstraße Europa,
Ulm 2013, ISBN 978-3-86281-067-3

Impressum

© Klemm+Oelschläger, Münster und Ulm 2013
www.klemm-oelschlaeger.de

Bibliografische Information der Deutschen Nationalbibliothek:
Die Deutsche Nationalbibliothek verzeichnet diese Publikation in der
Deutschen Nationalbibliografie; detaillierte bibliografische Daten sind im
Internet über http://dnb.d-nb.de abrufbar.

Umschlaggestaltung, Satz und Layout: Hannelore Zimmermann, Neu-Ulm
Herstellung: Digitaldruck Leibi.de, Neu-Ulm
ISBN 978-3-86281-067-3

Inhalt

Vorwort

Als „Fluvialismus" hat György Konrád einmal zu
unserer Erheiterung die Lehre von den Flüssen be-
zeichnet, mit seiner warmen, freundlichen Stimme
bei einem jener erhellenden abendlichen Gespräche.
Er meinte damit weniger ein naturkundliches denn
ein philosophisches Prinzip: ein Fluss ist immer da,
immer anders und schon wieder weg - heraklitisches
Paradoxon, das den Eindruck vermittelt, der Fluss
wisse alles, habe alles schon gesehen. Denn er bewegt sich zwar innerhalb eines einzigen Augenblicks
weiter, dennoch zieht er seit Menschengedenken
vorüber.

Konráds „Fluvialismus" bezog sich vor allem auf
jenen Fluss, der uns seit vielen Jahren gemeinsam
bewegt: die Donau.

7

Die Donau ist beides: Natur-Phänomen, einziger europäische Strom, der von West nach Ost fließt und auf seinem annähernd 2900 Kilometer langen Lauf den Schwarzwald mit dem Schwarzen Meer verbindet. Und im gleichen Zuge Symbol für europäische Geschichte und Politik: Seit der weltpolitischen Wende von 1989/90 durchfließt die Donau zehn europäische Staaten. Der Donauraum bildet eines der bedeutendsten sozio-ökonomischen Potenziale innerhalb Europas. 115 Millionen Menschen leben allein in den Regionen und Städten, die unmittelbar an der Donau liegen - mit einem in Europa einmaligen kulturellen Reichtum und einer Jahrtausende währenden gemeinsamen Geschichte - geprägt von Krieg, Migration, Nationalismus und Genozid bis in die jüngste Vergangenheit und heute voller Hoffnungen und Visionen. Ist der Rhein der Fluss der europäischen Vereinigung, so ist die Donau der Strom der europäischen Erweiterung und Zukunft. Folgerichtig wurde in den letzten Jahren eine "EU-Strategie für den Donauraum" auf den Weg gebracht. Sie soll den Menschen entlang der Donau dauerhaft Frieden, Demokratie, Rechtssicherheit, eine saubere Umwelt, Wohlstand, Bildung und soziale Gerechtigkeit bringen und den Donauraum zur europäische Modellregion machen.

György Konráds erste Ulmer Rede zur Donau - "Donauanhörung" - zur Eröffnung des ersten Internationalen Donaufestes in Ulm und Neu-Ulm 1998 liest sich wie die literarische Vorwegnahme der Botschaft der EU-Strategie für den Donauraum: die Donau als "Hauptstraße Europas". Niemand hätte sich damals vorstellen können, welche antizipatorische Kraft in diesen Worten steckt. Es folgten 2008 "Von der Donau - Beteuerungen und Träumereien" aus Anlaß der Gründung der Europäischen Donau-Akademie und 2012 "Was sagt uns der große Fluss?" im Rahmen eines Symposiums zur 300jährigen Wiederkehr des ersten Ulmer Donauschwabenzugs von 1712.

Die Ulmer Reden zur Donau sind kunstvoll-poetische Meisterstücke. Man spürt in jedem Wort, in jedem Satz, die große Vertrautheit und Liebe, die György Konrád mit dem Fluss verbindet. Sie sind aber immer auch politische Essays mit visionärer Aussagekraft: Botschaften eines großen Europäers, davon überzeugt, dass Europa nationalstaatliches Denken überwinden und auf der Gemeinschaft der Bürger und Bürgerinnen in den Städten und Regionen aufbauen muss. Urbanismus versus Etatismus - dafür steht der Donauraum.

György Konrád wurde in diesem Jahr 80 Jahre alt. Wir bedanken uns für seine Wegbegleitung, seine Weisheit, seine Kraft, seinen Mut, seine Freundschaft.

Wien und Ulm, im Dezember 2013
Erhard Busek, Peter Langer

Donau-Anhörung

Seht mich an, sagt die Donau, groß bin ich schön und weise. Niemanden in Europa gibt es, der mir das Wasser reichen könnte. Europameister bin ich, so könnte ich sagen. Manchmal sucht die Wolga Händel mit mir, sie ist verschlafener und breiter als ich, sie prahlt mit ihren Wassermassen.

Doch hast du eine Ahnung, frage ich sie, von so vielen Völkern, Ländern und Reichen wie ich? Was weißt du, frage ich, von Vergänglichkeit, menschlicher Eitelkeit und Hinfälligkeit?

Das eine und andere, brummt sie, wisse sie sehr wohl, und das erkenne ich sogleich an, denn schließlich ist die Wolga meine Schwester, und wir Flüsse halten alle zusammen, selbst den Kleinen sind wir gewogen, den Großen versichern wir unsere Hochachtung, trotzdem will ich festhalten, dass es nicht viele gibt, die mehr Kenntnisse über diese Zweibeiner vom Festland besitzen als ich, über diese europäischen Möchtegerne. Ich erhalte sie am Leben, sie trinken mich ebenso wie das vierbeinige Vieh, ich transportiere sie von West nach Ost und, wenn sie mich mit meinem Bruder, dem Rhein, verbinden, von Meer zu Meer.

Was sie alles zu sehen bekommen, wenn sie über mich hinweg schreiten. Für einen jeden bin ich anders, in der Nähe des Quellgebiets plappere ich noch munter, in steinigem Bett eile ich dahin, dann nehmen meine Ausmaße ein wenig zu, beanspruchen ein kilometerbreites Bett, etwas beleibt erstrecke ich mich über die Ebenen Südosteuropas. Staaten trenne ich voneinander und verbinde sie, durchquere als Hauptstraße wohlhabende Städte, doch nur seitwärts und nebenbei phantasiearme Orte, die nicht wagen, sich zu beiden Seiten von mir niederzulassen.

Allzu dankbar sind mir diese überheblichen Wesen nicht, meine Wohltaten betrachten sie als ihnen zustehende Bezüge. Dass sie mich regulieren, mag noch angehen, doch mit diesen unangenehmen, beengenden und hohen Wasserdruck verursachenden Schleusen und Kraftwerken, die sie auf mir errichten, wollen sie den Eindruck erwecken als wäre ich, die Donau, nicht um meiner selbst, sondern um dieser zweibeinigen Möchtegerne willen, die noch nicht einmal fließen können und kaum eine Ahnung von den Geheimnissen der Zeit haben, sind sie doch gebunden an ihre erbärmlichen Zelte, Hütten und Paläste.

Es schwant ihnen keineswegs, dass sie sich immer im Jetzt befinden, und dass selbst dann, wenn über meiner Quelle der Nachmittag strahlt, sich über meine Mündung jedoch schon Dunkelheit gesenkt hat, selbst dann, wenn meine unendlich vielen Wellen seit Hunderttausenden von Jahren mit ihrem Schimmern die Gestirne grüßen, in deren Zwiegespräch der Lärm der Menschen kindliches Geschwätz zu sein scheint. Manchmal legen sie sich auf meinen Rücken, überbrücken mich, und Händchen haltend sitzen sie auf den Bänken am Ufer, laufen in mich hinein, juchzen und küssen sich unter meinen Weidenbäumen, sofern sie von den Mücken nicht verscheucht werden, sitzen auf dem Angelsteg herum, im Kahn, schauen in mich hinein, einen tiefen Einblick gewähre ich ihnen nicht, Fische und Tote, die ich in mir trage und voller Blasen gelegentlich emporhebe, sollen sie nicht sehen.

Ich höre das Läuten der Totenglocken, schon gut, Beerdigungen an meinen Ufern müssen sein, Vergnügungen ebenso, auf den mit Lampions geschmückten Schiffen soll Salonmusik ertönen und das Klirren von Sektgläsern zu hören sein, gackern sollen auf den Schiffen die Hühner in den Körbchen der Marktweiber, soll er rudern, der Bursche im Kielboot, während sich die Maid auf dem Steuersitz ein Nussbaumblatt auf die Nase legen mag, um deren Rötung zu verhindern, mögen die Wellen in der Mond beschienenen und reglosen Nacht an der Seite des Nachens plätschern und gluckern, und wenn sie der Schlaf schon übermannt hat, soll sich dumpf rauschend ein Frachtschiff nähern, dessen behäbige Wellen den Nachen zum Kentern bringen, Hosen und Schuhe tauchen unter, gegrüßt sei das junge Paar zusammen mit seinen Klamotten in meinen Schäumen, zusammen mit mir last ihr euch nach Hause treiben, weniger aufgewühlt vom Fernweh an jenen Sonntagnachmittagen, wenn ihr, dem Bootshaus zustrebend, nichts tun müsst, nur ausstrecken müsst ihr euch, und schon kann die Phantasie vom Atlantischen Ozean bis hin zum Schwarzen Meer gleiten, wir begeben uns von West nach Ost, nehmen an Leibesfülle zu, und schon fluten wir, seit unvordenklichen Zeiten nun, nach Asien. Begreift etwas von meiner Arbeit, ich sammle die Regenfälle der Gebirge und lasse sie dahinwogen, für eine Weile steige ich manchmal aus dem Bett, die Völker zu meiner Rechten und Linken kennen mich schon.

Ein widerspenstiger Backfisch bin ich nicht, meine Figur könnte üppig genannt werden, Größe XXL würde ich sagen, schlimm genug, wenn ich mich durch enge Täler hindurch zwängen muss, extra Sperren und Umleitungen solltet ihr besser nicht aushecken. Treibt keinen Missbrauch mit eurer kleinen Macht, gebt acht auf mich, schont mich, und begreift, dass ein Strom um seiner selbst willen existiert, ihr müsst euch nicht immer den Kopf darüber zerbrechen, welchen Nutzen ihr aus mir ziehen könntet, euer Nutzen ist ohnehin schon groß genug.

Aus gebe ich von selbst, Durst leiden an meinen beiden Ufern müsst ihr ebenso wenig wie euer Vieh, über meine Eisschollen springend könnt ihr

auf die andere Seite gelangen, die Fähre befördert
euch von hier nach da und zurück, die Brücken-
pfeiler nehme ich unter meine Arme. Ich mag es,
wenn einer dem anderen durch meine Vermittlung
Kunde gibt, gern stelle ich Flaschenpost zu, mög-
lichst viel solltet ihr auf mir rudern, und sogar
jene kleinen scheußlichen und lautstark surrenden
Motorboote ertrage ich. Ich bitte euch, lasst Aus-
flugsdampfer auf mir verkehren, denn wenn ihr
dann hineinseht in mich, hört ihr mein Säuseln.
Sebaj, njitschewo, no problem, njema problema,
macht nichts, schwingt in den Vergnügungslokalen
das Tanzbein im Dreivierteltakt oder im Reigen. Sei
beständig und stets anders, bezwinge fließend die
Hindernisse, spüle den Krakeeler hinweg, sei nicht
ungeduldig, er vergeht, du bleibst, du bist hier und
doch schon anderswo, immer hier, obschon immer
anders, dennoch dieselbe.

Von mir, der Donau, kannst du die Lektionen des
ewigen Lebens lernen. Solang mir die himmlischen
und die irdischen oder meinetwegen auch die unter-
irdischen Mächte erlauben, diesen nicht allzu großen
Kontinent mit seinen verhältnismäßig unruhigen
Bewohnern zu durchfließen, deren Gebaren, wäh-

rend ich mich weiter begebe, rauer, verwegener und schmollender zu werden scheint, solange ich an meinen Ufern jene sich ungleichmäßig bewegenden Wesen mustern kann, bleibe ich hier die Älteste. Oder sollte am Ende auch ich für die höheren Gewalten nur ein so leichtes und vergängliches Phänomen sein wie der Springbrunnen im Park? Wenn ich meinerseits das eine oder andere von der eigenen Sterblichkeit weiß, warum vermögt ihr, die ihr vergänglich seid und zappelt wie der Fisch im Netz, mir nicht zuzuhören?

Ich sage euch, habt Achtung vor der ständigen Strömungsrichtung, vermeidet törichte Eingriffe, verwendet das, was ich euch spende, erfindungsreich zum Guten. Ich bin eitel, das wird euch hoffentlich nicht überraschen, ich schmücke mich gern; suhlt euch in meinem Sand, verstreut auf mir schlanke Ruderboote, von menschlichen Armen angetriebene Fahrzeuge.

Ausstrecken möchte ich mich der Länge nach über eure Städte, lasst euch nieder zu beiden Seiten meines Ufers, und die Fassaden eurer schönsten Häuser sollt ihr mir zuwenden, ich will eure Hauptstraße sein.

Es liebt mich, wer nicht versucht, mir Gewalt anzutun, mich nicht verschmutzt; treibt keinen Missbrauch mit der Möglichkeit meiner Selbstreinigung, empfindlich bin auch ich, nicht nur die Kleinen, es wäre nett, würdet ihr die Arroganz mir gegenüber unterlassen. Ich bin ein Lebewesen, besitze ein langes Gedächtnis, die Sammlung meiner Neugier und Nostalgien ist unerschöpflich, sollte ich nach einer Kunstgattung suchen, würde ich mich für den Roman entscheiden. Das Drama passt nicht zu mir, und für die Lyrik bin ich nicht kurz genug. Aus meinem horizontalen Blickwinkel, aus der Unversieglichkeit meines Strömens folgt, dass ich die Tragödie als etwas Geschehenes betrachte: Das Leben geht weiter, du stirbst, und für die anderen ist dies ein Ereignis, das von ihnen schnell vorübergehendes Ergriffensein verlangt. Gleich ob am Ende Raserei oder Trübsinn stehen, irgendwo hört jede Geschichte auf, und an diesem Punkt beginnt eine neue, denn nachdem sie die Stadt in Schutt und Asche gelegt und das umherlaufende Volk reihenweise niedergemetzelt hatten, begab sich der Boden nur ein wenig zur Ruhe, verdaute die Massengräber und schuf Platz für neue Säuglinge, es grünte und blühte, fette und magere Jahre lösten einander ab, einmal dieses, einmal jenes; zu Weihnachten 1944 schossen sie, unwissende Waffenträger, aufs Geratewohl aufgelesene Juden, Frauen, Kinder und Alte vor allem, mit Maschinenpistolen in mein unschuldiges, jedoch durch das Blut unwillentlich zum Komplizen gewordenes Wasser.

So vieles schon hat sich meinen Augen dargeboten, am liebsten würde ich nur mehr paradieren und mich an den Pärchen berauschen, die durch die Pappelallee am Ufer reiten. Einen Kinderkopf will ich sehen, wie er sich über die Reling beugt, und den Steuermann eines Schleppkahns, der an Deck, fast nackt in einem Liegestuhl, eine bunte Illustrierte liest oder

Hemd und Hose zum Trockenen über eine Leine hängt. Zwei Landstreicher will ich sehen, denen es gelungen ist, einen Fisch zu fangen und mit dem Katapult eine Taube zu treffen, so dass sie die Beute jetzt nur noch in einem gefundenen Kochtopf auf dem Reisigfeuer garen lassen müssen.

Es herrscht Frieden, auf der Brücke erblicke ich eine Panzerkolonne und unter der Brücke Liebende, aus der Mauer des Glockenturmes tippeln die Heiligen

hervor, um schließlich in der Mauer zu verschwin-
den, wie es der Lauf der Dinge ist.

Das Gartenlokal und die Kegelkugel machen auch
mir Spaß; unter uns gesagt, nichts was menschlich ist,
kann mich sonderlich überraschen oder stören.

Alles Seiende, alle Schwachheit, alles Versagen und
alle Wortbrüche verlieren sich mit mir in unbegreifli-
cher Ferne, unvergleichliche und isolierte Individua-
litäten werden durch das Fließen aneinandergereiht,
der in Gedanken versunkene Weise erhält im Katalog
einen Platz, die Museumsbesucher betrachten das
Bildnis des Herzogs, das alte Fischernetz wird an der
Wand aufgehängt, im Ufergraben brennt das Auto
der bewaffneten Bankräuber.

Ihr Fische, ihr Frösche, ihr Vögel, ihr Leute, ich
umfange euch und lasse euch in mich fließen, euer
Geschmack vermischt sich in mir. Für einige Au-
genblicke macht ihr mich trunken, dann erschaudere
ich ob eures Anblicks, ach, wären wir uns doch nie
begegnet, ihr verruchten Barbaren, keine Ratte und
keinen Wurm gibt es, die es an Bosheit mit euch
aufnehmen könnten, so zeige ich dem Schöpfer

eure Abscheulichkeit an, dann nicht einmal dieses mehr, auch dieses habe ich hinweg getragen, weggespült, hierher geschleudert, dorthin geschleudert, abgewälzt, aufgelöst, die Vernichtung vernichtet, ihr könnt wieder von vorne beginnen, meine Geduld ist größer als eure, viel fangt ihr an, ausrichten tut ihr wenig, es wird überall mit Wasser gekocht, der Rabe ist nicht schwärzer als seine Flügel.

Wasch dein Hemd in mir, und riskiere einen Neubeginn, doch nun endlich mit Anstand.

Von der Donau
Beteuerungen und Träumereien

Ein Hotelzimmer mit Blick zum Wasser ist mir immer angenehm. Als ich mit fünf Jahren vom französischen Balkon des einstigen Budapester Hotels Hungária die Donau sah und das Königsschloß, empfand ich dies als wunderbar. Doch selbst im Dorf meiner Kindheit war das Flüßchen Berettyó bei Spaziergängen ein selbstverständliches Ziel. Und bei Hochwasser, wenn ich das mächtige Anschwellen des Flußlaufs beobachtete, dazu bekenne ich mich, erfüllte er mich mit Stolz. Dieses Gefühl der Macht überkam mich seit meiner Gymnasiastenzeit auch als Einwohner von Budapest. An einem Flußufer müsse man leben, dachte ich mir bei meinen allmorgendlichen Spaziergängen entlang der Donau. Die Budapester verbinden mit der Donau der Liebe vergleichbare Empfindungen: glückliche und schreckliche Bilder, Gefahr und Wonne.

Die Donau trennt und verbindet, an ihren Ufern verschiedene Länder und Völker, doch der Strom bleibt der gleiche, im oberen Flußlauf flink, im unteren dahinwogend, einem jeden gegenüber souverän. Man kann ihm Gewalt antun, doch darüber setzt er sich hinweg und verhängt früher oder später seine Strafe.

In längst vergangenen Zeiten reiste ich auf einem Marktfrauenschiff von Mohács nach Pest, jeden Sonntag paddelte ich mit meinem Freund nach Szentendre oder bis zum Donauknie. Ein schöner Triumph, in einem leichten Boot das andere Element zu erobern. Sooft es nur möglich ist, gehen wir, um den Worten des Wassers zu lauschen. Das beruhigt unsere Augen. Vom Wasser fühlen wir uns angezogen in Amsterdam und Venedig, zwischen Ziegelmauern. Immer wieder freue ich mich, wenn ich bei meiner Heimkehr vom Flugzeug aus den Silberstreif der Donau entdecke.

Als Flachländer in Újfalu, für den das Wasser ein schmaler Fluß gewesen ist, hatte ich das Gefühl, am anderen Ufer begönne schon eine andere Welt: Berettyószentmárton. Und das wußte ich auch.

Fliegen können wir zwar nicht, schwimmen dagegen ja. Für mich, einen Jungen vom Tiefland und von jenseits der Theiß, bedeutete die Lehre des großen Wassers, Erlebnis und Neuigkeit: das Eintauchen in das andere Element, das zuläßt, sich treiben zu lassen. Der zwischen zwei Ufern befindliche Fluß aber ist kein Meer, nicht unendlich, ist überschaubar, nicht schwindelerregend, ist begrenzt und dennoch offen, zur Mündung hin. Mit gleichbleibender Ruhe fließt er dahin, verbindet Städte und Völker miteinander.

Betrachten wir die mittlere Zone Europas nicht vertikal in Nordsüdrichtung, sondern horizontal von West nach Ost gehend, dann sehen wir die Donau vor uns, wie sie sich lang und immer gewaltiger werdend zwischen dem Schwarzwald und dem Schwarzen Meer erstreckt. Wenn also die in die Ferne schweifenden Augen am rechten Donauufer das Mittelmeer erblicken und zwischendurch als Symbol Weinberge, am linken Ufer aber die Ost- und die Nordsee, als Symbol Rhapsfelder, wenn wir uns also um einer groben Vereinfachung willen hier dem Genuß von Wein und dort dem von Bier hingeben können, wenn wir am einen Ufer vor allem katholische und griechisch-orthodoxe Kirchtürme erblicken (die im letzten Balkankrieg von einer geschickten Artillerie mit Vorliebe in Schutt und Asche geschossen worden sind), am anderen Ufer in erster Linie Protestanten, wenn die Küche den verbreiteten Klischees zufolge auf der einen Seite geschmacklich kräftiger und auf der anderen puritanischer ist, wenn wir uns in Erinnerung rufen, daß der Norden und der Süden Europas im Dreißigjährigen Krieg, zu Beginn der Neuzeit, gegeneinander Krieg geführt haben, dann dürfte es nicht allzu mühselig sein, uns davon zu überzeugen, daß die Donau die Achse, die Hauptstraße des Kontinents ist, ein Friedensband zwischen Städten und Völkern.

Man könnte sagen, daß die Donau der Strom Mitteleuropas sei, die Hauptschlagader dieses bunten Gebiets. Er leitet unseren Unrat ab, mit dem wir ihn ziemlich belasten, und mit seinem Sowohl-Hiersein-als-auch-Dortsein läßt er ahnen, daß er nicht nur uns gehört, sondern auch anderen, oder aber, daß wir die Seinen sind, die Bürger der Donau.

Seevölker sind immer weltoffen, wir aber, Bayern, Österreicher, Ungarn und Serben, haben kein Meer. Für uns ist die Donau die Verheißung des Meeres.

Über sie können wir zu fernen Gestaden gelangen; sie durchquert uns und löst unser Eingesperrtsein auf.

Auch die Sich-Befeindenden und einander Hassenden lieben sie. Dadurch ist die Donau ein großer Lehrer. Denn wer von jedem geliebt wird, der gibt uns zu verstehen, daß wir vielleicht nicht einmal so weit voneinander entfernt sind, wenn uns gemeinsame Gefühle verbinden. Die Donau lächelt die Konflikte aus unserem Herzen hinweg, löst die Verkrampfung und verhilft uns zu der Erkenntnis, daß wir einander ähneln und die Liebe zu dem Strom in unser aller Interesse liegt. Deshalb gehört die Donau uns allen. Niemand kann ihr wirklich gebieten. Daß niemand gegen sie eine ökologische Verantwortungslosigkeit begeht und daß niemand derartiges von anderen duldet, liegt in der gemeinsamen Verantwortung.

Die Völker des Donautals bilden eine geopolitische Realität. Unser Hiersein ist kein Zufall. Von Asien kommend, haben die Ungarn auf der Suche nach einer Heimat hier Halt gemacht und gesagt, dies hier sei ein guter Platz. Als sich die hier lebenden Völker zusammengschlossen haben, gab es einen Donaustaat, eine Donaumonarchie, wie die Historiker das

Habsburgreich nennen. Und nun - nach schrecklich
vielen Erschütterungen - sind wir im vereinten Europa
angekommen, in der Europäischen Union, auf
dem Weg zu einer sich ihrer selbst bewußten Donauregion,
die durch den freien Willen der Völker
und nicht dynastische Vorstellungen geformt wird.
Ein dynastischer Staat vermochte die Donauvölker
auf längere Sicht nicht zusammenzuhalten. Viel
Wasser mußte die Donau hinabfließen, während
Wachtürme die Kontakte zwischen den Bürgern
der Region behinderten und bevor wir mit dem Anschluß
Rumäniens und Bulgariens im vergangenen
Jahr unter eine gemeinsame politische Souveränität
gelangt sind, denn nun gehören schon alle Donauanrainerstaaten
zu den Mitgliedern der Europäischen
Union, zur ersten freien Assoziation auf dem
europäischen Kontinent.

Die nationalen Grenzen haben die Menschen der
Donauregion künstlich voneinander getrennt und
tun dies noch immer. Daß die Donau von West nach
Ost fließt, Waren, Denk- und Handlungsmuster
transportiert, nehmen wir zur Kenntnis. Das war so
schon in der bisherigen Geschichte und ist auch heute
nicht anders. Doch noch so einen internationalen

Strom, der so viele Völker und Kulturen miteinander verbindet, gibt es nicht. Die Flüsse liegen miteinander nicht im Hader; die Donau zürnt der Wolga oder dem Rhein nicht. Sie unterscheiden sich lediglich darin, an wessen Ufern größere Buntheit herrscht.

Das Klima indes unterscheidet sich nicht so stark, denn die Donaulandschaften weichen, wie gesagt, nicht in ost-westlicher Richtung voneinander ab. Im großen und ganzen leben wir in ziemlich verschiedenen Kulturen unter ähnlichen Naturgegebenheiten. Doch eine Deutung dieser Unterschiedlichkeit im Sinne der Nationalstaaten würde nicht der Realität entsprechen. Auch die Donau schafft Gemeinsamkeiten zwischen uns, durch die staatliche Unterscheidungen weggespült werden, zumal wir uns ja auch von den eigenen Staaten unterscheiden.

Sauberes Trinkwasser, dessentwegen unsere Vorfahren sich hier angesiedelt haben, ist ein gemeinsames Interesse aller Donaubürger. Daß eine Donauföderation über die Donau zu entscheiden hat, ist eine begründete Vorstellung. Ein einzelner Staat darf im Bereich seiner Souveränität nicht über wesentliche den Fluß betreffende Veränderungen Entscheidungen treffen. Nur der gemeinsamen Verantwortung und der öffentlichen Meinung stehen Kompetenzen in den Angelegenheiten der Donau zu. Es gilt, die Donau vor uns selbst zu schützen, damit wir mit ihren Gaben keinen Mißbrauch treiben.

Der Fluß ist ein ewiges Symbol, ein weises und mütterliches Element, Nahrung und Offenheit bietend. Schiffe schwammen auf ihm und Leichen. Er ist immer derselbe, immer anders. Wahrscheinlich ist es jenes heraklitische Paradoxon, das dem Betrachter des Flusses jenes Erlebnis vermittelt, daß der Fluß alles wisse, alles schon gesehen habe, denn er bewegt sich zwar innerhalb eines einzigen Augenblicks weiter, dennoch zieht er seit Menschengedenken hier in dieser Gegend vorüber. Die Bewohner Budapests durften stolz sein auf den Fluß. Die Stadt lebte von der Donau; über das Wasser kamen die Reisenden und die Waren. Die mittelalterliche Stadt kehrte der Donau den Rücken, hatte Angst vor dem Feind, der sich mit leisen Ruderschlägen auf dem Rücken des Flusses näherte.

Deshalb gibt es am Ufer der Flüsse Städte, die sich vom Wasser und der von dort drohenden Gefahr zurückziehen. Diese Furcht ließ im neunzehnten Jahrhundert nach, und die neu erbauten Städte wurden glücklicher, nachdem kluge Führer erkannt hatten, daß die Donau daß Rückgrat der Stadt sei und das Flußufer die Promenade, der Donaukorso.

Sowohl die Industriegesellschaft hatte ihre Art, den Fluß zu nutzen wie auch die Wissensgesellschaft, die der Freizeit Würde verleiht. Die am Flußufer gelegene Wohnung besitzt einen höheren Wert; die Donau ist ein riesiger Schatz. Schwimmbäder, Sportplätze, Bootshäuser und Anlegestege, schwimmende Restaurants, Caféterrassen und Vergnügungsschiffe können die schillernde und trübe Wasseroberfläche mit lustigen Farben überziehen.

Strömender Internationalismus. Schiffe, Fahnen und Reisende anderer Nationen. In der zweiten Hälfte des neunzehnten Jahrhunderts erwies sich Budapest als einsichtig und vernünftig, als es den manchmal reißenden Fluß regulierte und an seinem Ufer die Akademie der Wissenschaften und das Parlament akzeptierte, eine Hotelzeile und die Markthalle. Die Donau wurde die Hauptstraße, das Organisationsprinzip der Stadt. Und der immer einladende, vermutlich schönste Anblick. Ein wenig müßte ich mich deshalb vielleicht schämen, doch Mädchen, deren Zimmerfenster zur Donau ging, mochte ich eine Idee mehr als die anderen. Zu dem großen Fluß mußte und konnte man ein zartes Verhältnis entwikkeln. Jeder hat seine eigenen Gewohnheiten, wie er sich mit ihm anfreundet.

Zur Wende vom neunzehnten zum zwanzigsten Jahrhundert blickte die Stadt schon in die Donau. Die wichtigsten öffentlichen Gebäude drängten sich am Wasserufer und vertrauten darauf, sich im Spiegel des Flussen betrachten zu können. Wer die Donau liebt, den liebt auch die Donau.

Vom Ufer aus oder vom Rand des in das Eis gehauenen Lochs kann man Menschen ins Wasser hineinschießen, so daß der Leichnam und dessen mörderisches Spiegelbild in unbekannte Ferne hinweggetragen werden. Man kann den Schmutz hineinlassen, man kann den Fluß erniedrigen. Wenn wir Menschen schlechten Umgang miteinander pflegen, wenn wir versuchen, uns wechselseitig niederzumetzeln, dann stürzen die Brücken ein. Das erste Opfer des Krieges ist die Brücke. Und man kann aus dem

unschuldigen Strom einen Grenzfluß machen, man
kann damit Städte teilen, so daß man nicht ruhig
übersetzen und über die Brücke oder auf der Fähre
zurückkehren kann.

Wer den Fluß achtet, der achtet auch seinen Nächsten. Man kann die Donau heilen und auch pflegen,
sie mit anderen Flußnetzen verbinden, man kann
darin schwimmen, Boot fahren und darauf reisen,
man kann sich in Gesellschaft der Donau meditativer
Ruhe überlassen, man kann vom Ufer aus die hierher
und weiter schwimmenden Schiffe beobachten, und
man kann, von den Steinstufen ins Wasser blickend,
jemandem seine Liebe gestehen und an unsere Toten
denken.

Was sagt uns der große Fluß?

An einem Flußufer müßte man leben, dachte ich als
Gymnasiast bei meinen Spaziergängen am Ufer der
Donau. Ich reise zurück in längst Vergangenes: Zusammen mit meinem Freund rudern wir jeden Sonntag von Buda nach Szentendre; ein schöner Triumph,
die Eroberung des anderen Elements mit dem nicht
allzu leichten Boot. Sooft wir es uns nur erlauben
können, gehen wir und lauschen den Worten des
Wassers, beruhigen dort unsere Augen.

Fliegen können wir zwar nicht, aber schwimmen
schon. Als einem Jungen vom Tiefland ist mir die
Lehre des großen Stroms Erlebnis und Neuigkeit,
das Eintauchen in das andere Element, das auch ein
Sich-Treiben-Lassen gestattet. Der Fluß zwischen
seinen beiden Ufern ist kein Meer, nicht endlos, son-

dern überschaubar, begrenzt und dennoch offen –
zur Mündung hin. Die Donau bewegt sich in gleich-
förmiger Ruhe voran, trennt und verbindet Städte
und Völker, souverän einem jeden gegenüber, weiter
oben flink, weiter unten sich dahinwälzend, anfangs
nur eine Quelle unter vielen. Doch warum ist ausge-
rechnet aus dieser einen die Donau geworden?

Auf der Suche nach einem Namen für die Lehre von
den Flüssen sprach ich einmal von Fluvialismus; was
wir in der menschlichen Gesellschaft Pluralismus
nennen, könnte, so meinte ich, die Gewässerkunde
der Erde vielleicht mit diesem Begriff bezeichnen.
Die Flüsse verästeln und vereinen sich, nehmen an
ihren Ufern Vielfalt wahr, strömen durch die Unter-
schiede hindurch. Die Ufer sind Wettbewerbs-zonen;
jeder Abschnitt weiß etwas; während des Ruderns
lohnt es, den Kopf hier und da nach links und rechts
zu wenden.

Auch die Würdigung der Flußschiffahrt könnten wir
Fluvialismus nennen. Weg und Genuß, Freude der
Langsamkeit, lernendes Reisen; ein Reisender, der
beschauliches und lesendes Ankommen bevorzugt,
wohnt gleichfalls in uns. Ist das Wasser sauber, kön-

nen wir in ein Boot umsteigen und uns unter einem
Baum am Ufer der Donau niederlassen, sagen wir:
vor dreihundert Jahren. Hier ziehen Fischer das Netz
aus dem Wasser, dort wird eine Viehherde durch eine
Furt getrieben, den Fisch und das Fleisch verzehren
wir.

Verschiedene Fahrzeuge werden auf dem Wasser in
beiden Richtungen transportiert. Schauen wir nur:
Was naht dort in einem alten Monat Mai unter mor-
gendlichem Vollmond von Westen her? Ein großer
Kasten, drinnen ein Haus, Werkzeug, Vieh und viel-
leicht Familien aus Schwaben, wo es schon zu viele
Menschen und zu wenig Land gibt, hier dagegen
Äcker im Überfluß und zu wenig Menschen; der
Großteil der Bevölkerung ist in den Kriegen umge-
kommen, dahingeschwunden.

Die Sprache der sächsischen Städte in Siebenbürgen
und im Tatra-Gebiet, des Bürgertums von Pest-
Buda, das heißt Ofenpest, und Pozsony, das heißt
Preßburg, Bratislava, der Gewerbe, der Zeitungen,
der Theater und der Grabsteine war überwiegend
das Deutsche; mit der Vermischung und der Magya-
risierung hatte man es nicht allzu eilig. Die Donau-

brücken wurden die architektonischen Wunder der
Neuzeit; die Donau bildete keine Grenze mehr zwischen Zivilisierten und Barbaren. Vom Flugzeug aus
erscheint uns die Donau mit ihren Nebenflüssen wie
das silbern glänzende Gefäßsystem eines Körpers.

So viele Gemeinschaften finden sich in Europa: Nationen, Völker, Landschaften, Städte oder Flußtäler
wie beispielsweise das Donaubecken! Möglicherweise
sind wir so, vom Schwarzwald bis hin zum Schwarzen Meer, eine ziemlich bunt zusammengewürfelte
Gesellschaft. Schon möglich, daß wir als Geist des
Donauraums in fieberhafter Suche einer Chimäre
nachjagen, womit nicht gesagt werden soll, daß wir
etwas finden wollen, was es gar nicht gibt, sondern
etwas, das zweifellos vorhanden ist, nämlich eines der
Gesichter der an der Donau Lebenden, doch sichere
Kenntnis davon besitzt niemand.

Eine Vermutung, ein Gefühl möchten wir streifen
und darstellen, eine humanökologische Evidenz, als
Wirklichkeit jene nüchterne Ahnung sehen, daß die
in der Gegend eines Flusses Lebenden miteinander
etwas zu tun hätten, im Krieg wie im Frieden, und
daß Ähnlichkeiten zwischen ihnen selbst dann beste-

hen, wenn sie sich über eine derartige Behauptung nicht im geringsten freuen, denkt doch jeder, besser sollten andere ihm als er anderen ähneln. In der Zeit des Eisernen Vorhangs, als der Donauraum in der Optik des Kalten Kriegs, von Westen aus gesehen, östlich von Wien, eine graue Zone war, lag die Zusammengehörigkeit dieser bizarren Gesellschaft personaler und kollektiver Individuen nicht auf der Hand.

Wer hat, dem wird gegeben. Wer hinhört, dem raunt die Welt Geheimnisse zu. Was für Geheimnisse außer jener Platitüde, daß sowohl hier als auch da entlang der Donau beachtenswerte Menschen leben, daß diese Gegend hinsichtlich der Sprachen, Herkunft und historischen Zugehörigkeit eine bunt gewebte Kultur ihr eigen nennt, was vor 1989 die Gleichartigkeit der sowjetischen Reichsfassade interessanter Weise Lügen strafte?

Ein ganzer Kreis von Autoren wurde in den achtziger Jahren empfänglich für das aus vielen Elementen sich zusammensetzende Mitteleuropa. Gewissermaßen billigten sie diese seit Jahrhunderten existierende Vielfalt auch moralisch und statteten sie mit einigem aufrührerischen Inhalt aus; im Gegensatz zu den radikalen Gleichmachern, denen Europa bisher die Konfrontation zweier homogener militärisch-politischer Blöcke bedeutet hatte und nicht etwa einer Eingruppierung sich widersetzende Künstler, unvergleichliche Städte und Romane, die sich gegenüber den jeweils aktuellen Mächten als zäher erwiesen haben, obschon ihre Autoren zerbrechliche Wesen waren. In der Tat, die Werke erfreuen sich bis auf den heutigen Tag bester Gesundheit, während das große Publikum sogar die Namen der einstigen Amtsinhaber vergessen hat.

Die Anerkennung der in der Pluralität der Identitäten steckenden ästhetischen und ethischen Werte entspricht einer Wende wie das Begreifen dessen, daß es eine üble Sache ist, ganze Völker auszurotten, Städte auszuradieren und daß die Lebenden in ihrer besonderen Qualität zu leben verdienen. Wir dürfen sagen, mit dieser geistigen Welle, die sich den homogenisierenden Dualismen widersetzt, ist ein neuer und typisch europäischer Humanismus auf den Plan getreten. Denn er findet Wohlgefallen an der Persönlichkeit und der Mannigfaltigkeit. Gerade deshalb hält er die freiwillige europäische Föderation für etwas

Großes, deren Axiom lautet, daß verschiedene Völker innerhalb eines Staates oder einer Stadt miteinander auskommen können und daß ein Nationalstaat, der unter seiner Hoheit nur Gleichartiges toleriert, aus der Sicht der Donau ein vergängliches Phänomen ist.

Die zivilisatorische Rolle der deutschsprachigen Völker und Siedler im Donauraum, der sich durch habsburgische Vorsicht halten ließ, haben wir gesehen. Doch sobald sie vom kriegerischen Deutschland als eigene Soldaten des Dritten Reichs eingesetzt wurden, distanzierte sich die Umgebung von ihnen. Als sich dann das Blatt wendete, wurden der Besatzer ausgesiedelt und seine Sprache vergessen.

Diese Wende war für alle ein großes Unglück; ebenso wie die Ermordung von zwei Dritteln der europäischen Juden. Eine mehrere Jahrhunderte während Kooperation und Anwesenheit wurde beseitigt; ein Verlust für die deutsche Diaspora und die nicht-deutschsprachige Mehrheit gleichermaßen. Die deutsche Sprache hörte auf, eine Lingua franca zu sein. Auch die sich anschließenden Versuche mit dem Russischen scheiterten. Heute wird die entstandene Lücke am ehesten vom Englischen ausgefüllt. Doch

das allein genügt ebenfalls nicht; normatives Ideal in
der Region ist der mehrsprachige Mensch. Allmählich
kommen sämtliche europäischen Sprachen in Mode.
Und was noch mehr ist: Auf dem Programm steht
die weite Welt.

Sehen wir die mittlere Zone Europas nicht vertikal in Nord-Süd-Richtung, sondern horizontal in
West-Ost-Richtung vor uns, wie sie sich zwischen
Schwarzwald und Schwarzem Meer erstreckt, wenn
also die träumenden Augen auf der rechten Seite der
Donau das Schwarze Meer erblicken, zur Linken die
Ost- und die Nordsee, wenn wir uns also hier eher
vom Wein und dort eher vom Bier erfreuen lassen,
wenn wir weiter südlich eher katholische und griechisch-orthodoxe Kirchtürme sehen (die im letzten
Balkankrieg von geschickten Artilleristen mit Vorliebe in Grund und Boden geschossen wurden), dann
hat die andere Seite eher protestantische zu bieten,
wenn auf der einen den gängigen Klischees zufolge
der Geschmack kräftiger und üppiger ist, gilt die Küche auf der anderen als puritanischer, wenn wir uns
ins Gedächtnis rufen, daß zu Beginn der Neuzeit,
während des Dreißigjährigen Krieges, der Norden
und der Süden Europas gegeneinander Krieg führ-

ten, dann können wir uns unschwer davon überzeugen, daß dieser Raum das tatsächliche Mitteleuropa ist, zwischen Norden und Süden gelegen, und daß die Donau die Achse, die Hauptstraße des Kontinents ist, ein friedliches Band zwischen Städten und Völkern.

Seefahrervolk ist immer weltoffen, Seeleute sind wir nicht alle; Schwaben, Bayern, Österreicher, Ungarn, Slowaken und Serben haben kein Meer. Die Verheißung vom Meer ist für uns die Donau; über sie können wir zu fernen Gestaden gelangen, gegebenenfalls sogar in den Kaukasus; sie durchquert uns und hebt unser Eingeschlossensein auf.

Auch die Kriegführenden und einander Hassenden lieben den Strom. Dadurch wird die Donau zu einem großen Lehrer. Denn wer von einem jeden geliebt wird, der macht uns begreiflich, daß wir vielleicht nicht einmal so weit voneinander weg sind, zumal wir gemeinsame Empfindungen haben. Die Donau, das könnte man sagen, ist der Fluß Mitteleuropas, die Hauptschlagader dieses bunten Gebiets; er schwemmt unseren Unflat hinweg, womit wir ihn einigermaßen belasten, und mit seinem Sowohl-hier-

als auch Dort-Sein läßt er ahnen, daß er nicht nur uns, sondern auch anderen gehört oder daß eben wir die Seinen sind, Bürger der Donau. Der große Strom lächelt unsere Konflikte weg, löst den Krampf in unserem Herzen und verhilft zu der Erkenntnis, daß wir uns ähneln.

Es liegt in unser aller Interesse, die Donau zu lieben, sie gehört einem jeden von uns. Niemand ist wirklich ihr Gebieter. Gemeinsam sind wir dafür verantwortlich, keinerlei ökologische Dummheit gegen sie zu verüben und auch nicht zu dulden, daß andere Derartiges tun. Die Völker des Donautals bilden auch eine geopolitische Realität: die Donaumonarchie, so sagen die Historiker des Habsburgreichs. Und jetzt sind wir nach enorm vielen Erschütterungen innerhalb des vereinten Europas, der Europäischen Union, unterwegs zu der sich ihrer selbst bewußten Donauregion, die vom freien Willen der Völker und nicht von einer dynastischen Obrigkeit geformt wird.

Die meisten Erinnerungen sind an einen Raum gebunden. Der Raum ist bewohnt von unserer Vergangenheit, unseren Angehörigen, Ahnen und Nachfahren. Der Mensch ist auch mit seinen unsichtbaren

Wurzelfäden eins und identisch. Das komplizierte Beziehungsgeflecht zwischen ihm und seiner Umgebung ist eine ökologische Realität, die nur im Namen abstrakter Ideologie außer acht gelassen werden kann.

Der Begriff nationaler Selbstbestimmung beinhaltet jene Fiktion, wonach jeder nationalen Gemeinschaft ein Staat zusteht, noch dazu als ausschließliches Recht. Mittel- und Osteuropa, einschließlich des Balkans, ist ein Land nationaler, ethnischer und religiöser Vermischung. Jede Grenzverschiebung verursacht hier Wunden und schneidet in etwas Lebendiges hinein. Hier können die Grenzen nur als Mäßigung des angerichteten Schadens ein sinnvolles Ziel sein. Ein höherwertiges Prinzip als das Selbstbestimmungsrecht der Nationen ist im Selbstbestimmungsrecht der menschlichen Personen zu sehen.

Welche Freiheit ist mehr wert? Die der Regierungen gegenüber den Bürgern oder die der Bürger gegenüber der Regierung? Dort zu leben, wo ein Mensch zu Hause ist, ist ein Grundrecht. Das Recht auf den Ort unserer Geburt und unseres Lebens ist ein fundamentales und unantastbares. Die Trennung des Menschen von seinem Wohnort heißt: Verstümmelung.

Man kann den Menschen einsperren und aussperren; beides entspricht einem rücksichtslosen Befehl, dessen Durchsetzung bewaffnete Posten garantieren.

Flexibilität, Überlebensfähigkeit, Anpassung und Überwindung sind menschliche Tugenden. Dennoch läßt sich der Verlust nicht leugnen; er kann ein Leben lang schmerzen. Deportation von Menschen oder unter Drohungen erfolgende Vertreibung vom angestammten Wohnort sind ein international zu ahndendes Verbrechen.

Wenn eine Macht den Staat mit irgendeiner Nation, einem Volk, einer Rasse, einer Ethnie, einer Religion oder einer Klasse gleichsetzt, dann stellen sich Diskrimination, Aussonderung und Rechtsverletzungen all jenen gegenüber ein, die nicht in die herrschende Kategorie hineinpassen. Wenn die Idee eines homogenen Nationalstaats als Norm Verbreitung findet, dann kann irgendeine Abstraktion, mit der dieser identifiziert wird, nämlich mit Nation, Religion, Klasse oder Ideologie, Verursacherin von Deportationen werden.

Viel Wasser mußte die Donau hinunterfließen, bevor wir, Ufervölker, alle miteinander einer gemeinsamen

politischen Souveränität unterstellt wurden, denn
nunmehr sind alle Donau-Anrainerstaaten Mitglieder
der Europäischen Union, der ersten freien Assoziation auf diesem Kontinent. Nationale Grenzen
haben die Menschen des Donauraums voneinander
getrennt und dies tun sie noch immer. Daß die Donau von West nach Ost fließt und Waren mitnimmt
sowie Muster zum Denken und Handeln, nehmen
wir zur Kenntnis. Das war schon so in der bisherigen
Geschichte und ist auch heute nicht anders. Doch
es existiert kein weiterer internationaler Fluß, der so
viele Völker und Kulturen zusammenfaßt. Die Flüsse
haben zueinander kein schlechtes Verhältnis; der mit-
teleuropäische Strom grollt nicht der Wolga oder dem
Rhein und unterscheidet sich von ihnen lediglich darin, daß an seinen Ufern größere Buntheit herrscht.

Schützen müssen wir die Donau vor uns selbst, damit wir mit ihren Gaben keinen Mißbrauch treiben.
Der Fluß ist ein weises und mütterliches Element,
gibt Nahrung und öffnet sich. Geschwommen sind
auf ihm Schiffe und Leichen, immer ist er derselbe,
immer ein anderer. Dieses heraklitische Paradoxon
verleiht dem Betrachter vermutlich jenes Erlebnis,
daß der Fluß alles weiß, alles schon gesehen hat.

Denn obwohl er sich in einem einzigen Augenblick fortbewegt, passiert er seit Menschengedenken diese Landschaft.

Die mittelalterliche Stadt drehte der Donau die Hinteransicht zu, hatte Angst vor dem mit leisen Ruderschlägen auf dem Rücken des Flusses nahenden Feind; mit Basteimauern zog sie sich vom Wasser und der darauf lauernden Gefahr zurück. Diese Furcht ließ mit dem anbrechenden 19. (ejtsd: neunzehnten) Jahrhundert nach, und die Städte neueren Stils, deren kluge Führer erkannten, daß die Donau das Rückgrat ihrer Stadt und das Flußufer eine Promenade ist, sind glücklicher geworden. Schwimmbäder, Sportplätze, Bootsschuppen und Anlegeflöße, schwimmende Restaurants, Caféterrassen und Vergnügungsschiffe in lustigen Farben können die glänzend matte und sich farblich verändernde Oberfläche bedecken. Strömende Internationalität, Schiffe anderer Nationen, Flaggen und Reisende.

Budapest erwies sich in der zweiten Hälfte des 19. (ejtsd: neunzehnten) Jahrhunderts als sehr vernünftig, regulierte den ungestümen Fluß, empfing an seinem Ufer die Akademie der Wissenschaften und das

Parlament, die Hotelzeile und die Markthalle. Der Strom wurde zur Hauptstraße, zum urbanen Organisationsprinzip, zum stets einladenden und vermutlich schönsten Anblick. Zur Wende vom 19. zum 20. (ejtsd: neunzenten zum zwanzigsten) Jahrhundert blickte die Stadt bereits in die Donau. Die wichtigsten öffentlichen Gebäude konzentrierten sich voller Vertrauen am Wasserufer, um sich im Spiegel des Flusses betrachten zu können.

Vom Ufer aus kann man Menschen hineinschießen, damit das Wasser die Leichname und das Spiegelbild der Mörder in unbekannte Fernen trägt. Schmutz kann man hineinlassen, den Fluß erniedrigen. Wenn wir Menschen schlecht miteinander umgehen, versuchen, uns gegenseitig zu töten, dann brechen die Brücken zusammen. Die Brücke ist das erste Kriegsopfer. Aus einem unschuldigen Fluß kann man einen Grenzfluß machen, Städte mit ihm teilen, damit man ihn nicht getrost überqueren und über die Brücke oder auf einer Fähre zurückkehren kann.

Wer vor dem Fluß Achtung hat, der hat sie auch vor seinem Nächsten. Man kann die Donau heilen und auch pflegen, man kann sie mit anderen Flußnetzen verbinden, man kann in ihr schwimmen, darauf rudern und reisen, man kann sich in Gesellschaft der Donau meditierender Ruhe hingeben, vom Ufer aus kann man die hierher und weiter schwimmenden Schiffe beobachten, und man kann, von der Steintreppe aus ins Wasser starrend, seine Liebe gestehen und an unsere Toten denken.

Fluvialismus? Philosophie langsamen Wegschwimmens. Der Fluß ist der Meister, immer derselbe, immer ein anderer, durchfließt alles und macht um alles einen Bogen. Die Donau betrachtet die Städte, und daraus entstehen romanhafte Mythen. Sie tut, was ihre Verwandten tun: die Themse, der Rhein, die Seine, die Moldau, die Spree, die Newa, der Don, die Wolga. Halten wir die Ohren über das Wasser, können wir dem Gemurmel entnehmen, daß der Fluß unter den menschlichen Werken die Schiffe, auf denen bei Musik zu Abendessen gespeist werden kann, mehr mag als die Wasserkraftwerke. Für die Stadt und den Roman braucht es den Fluß, das Bild der Vergänglichkeit von allem und der Unvergänglichkeit des Lebens.

Er kommt von irgendwoher und geht irgendwohin, bahnt sich seinen Weg, als würde ihn nicht nur die

Gravitation antreiben, sondern ebenso ein zielgerichteter Wille; auch so können wir die Sache sehen. Sollten die Bewohner des Donauraums nach einer stolzen Identität suchen, könnten sie den Strom als Emblem wählen. Eine weise Entscheidung wäre dies, denn dann würden sie nicht von Kriegsgelüsten gegeneinander entflammt werden; ein jeder würde schön dort bleiben, wo er gerade ist; würde er eine Reise unternehmen, täte er dies ohne Waffen, würde seine Nachbarn nicht schikanieren und der einstigen Donaumonarchie oder den Plänen einer Donauföderation mehr Verständnis entgegenbringen.

Sollten wir den Donaukult etwa deshalb pflegen, weil wir kein Meer haben? Als Entschädigung dafür? Warum aber sollten wir unbedingt auf Entschädigung angewiesen sein? Mit Meerwasser kann man nicht kochen, den Durst von Mensch und Tier nicht löschen. Mitte des 19. (ejtsd: neunzehnten) Jahrhunderts konnte man das Donauwasser noch trinken. Zur Sommerfrische, zur Erholung müßte man sich nicht am Meeresstrand drängen. Um Freuden am Flußufer zu ermöglichen, würde es lohnen, die Infrastruktur entlang der Donau auszubauen.

Alles freilich kann man nicht lösen. Offen bleibt die Frage der Mückenplage. Aber auch hierbei empfiehlt sich keine endgültige Lösung. Denn was würde der Frosch fressen, gäbe es keine Mücken, was der Storch, gäbe es keine Frösche, und wer würde die kleinen Kinder bringen, gäbe es keinen Storch?

Nachweis

Donau-Anhörung
Rede zur Eröffnung des ersten Internationalen Donaufestes
in Ulm am 3. Juli 1998 auf dem Ulmer Münsterplatz
Aus dem Ungarischen von Hans-Henning Paetzke

Von der Donau
– Beteuerungen und Träumereien
Vortrag zur Eröffnung der Europäischen Donau-Akademie
am 5. Juli 2008 in Ulm
Aus dem Ungarischen von Hans-Henning Paetzke

Was sagt uns der große Fluß?
Eröffnungsvortrag zum Symposium „Aufbruch von Ulm entlang der Donau 1712–2012" der Europäishen Donau-Akademie (Ulm) am 12. Mai 2012 im Stadthaus Ulm
Aus dem Ungarischen von Hans-Henning Paetzke

Zum Autor

Foto: Lars Schwerdtfeger

György Konrád wurde am
2. April 1933 in der Nähe
von Debrecen als Sohn einer
jüdischen Familie in Ungarn
geboren. Im Jahr 1944 entging
er nur knapp seiner Verhaftung
durch Nationalsozialisten und
ungarische Pfeilkreuzler, die
ihn ins Konzentrationslager
Auschwitz deportieren wollten.
Mit seinen Geschwistern floh er
zu Verwandten nach Budapest
und lebte dort in einer Wohnung unter dem Schutz der
Helvetischen Konföderation. Die Ereignisse dieser Jahre
beschrieb er in den Büchern *Heimkehr* und *Glück*.

Konrád studierte in Budapest Literaturwissenschaft, Soziolo-
gie und Psychologie bis zum Ungarnaufstand 1956. Anschlie-
ßend arbeitete er von 1959 bis 1965 als Jugendschutzinspek-
tor für die Vormundschaftsbehörde eines Budapester Stadtbe-
zirks. Nebenbei publizierte er erste Essays. Ab 1965 stellte ihn
das Budapester Institut und Planungsbüro als Soziologen für
Städtebau ein.

Sein Romandebüt *Der Besucher* veröffentlichte er 1969. Seit
dem Erfolg des Erstlingswerkes konzentrierte er sich auf
die literarische Arbeit. In seinen Essays plädierte er für ein
friedliches Europa, das die Grenzen zwischen Ost und West
überwinden soll. Als unbeugsamer Demokrat war er neben
Václav Havel, Adam Michnik, Milan Kundera und Pavel Ko-
hout einer der wichtigsten Dissidenten vor 1989. Weil er zwischen 1978 und 1988 nicht publizieren durfte, reiste er durch
Westeuropa, Amerika und Australien. Das Publikationsverbot
wurde erst 1989 aufgehoben.

56

Konrád war von 1990 bis 1993 Präsident der internationalen Schriftstellervereinigung P.E.N. und von 1997 bis 2003 Präsident der Akademie der Künste in Berlin-Brandenburg. Er erhielt eine Vielzahl von Auszeichnungen wie den Manès-Sperber-Preis (Wien 1990), den Friedenspreis des Deutschen Buchhandels (Frankfurt a.M. 1991), den Internationalen Karlspreis der Stadt Aachen als „Brückenbauer für Gerechtigkeit und Versöhnung in Europa" (2001) und den Franz-Werfel-Menschenrechtspreis (2007). 2014 wird ihm in Kiel die Buber-Rosenzweig-Medaille verliehen, um sein entschlossenes Engagement für eine freie Gesellschaft und wider den Ungeist von Nationalismus und Rassismus insbesondere in seinem Heimatland Ungarn zu würdigen.

Werkauswahl

Der Besucher. Luchterhand, Darmstadt/Neuwied 1969
Der Stadtgründer. List, München 1975
Die Intelligenz auf dem Weg zur Klassenmacht. Suhrkamp, Frankfurt 1978
Der Komplize. Suhrkamp, Frankfurt 1980
Geisterfest. Suhrkamp, Frankfurt 1986
Heimkehr. Suhrkamp, Frankfurt 1988
Die Melancholie der Wiedergeburt. Suhrkamp, Frankfurt 1992
Identität und Hysterie. Suhrkamp, Frankfurt 1995
Vor den Toren des Reichs. Suhrkamp, Frankfurt 1997
Die unsichtbare Stimme. Suhrkamp, Frankfurt 1998
Der Nachlass. Suhrkamp, Frankfurt 1999
Glück. Suhrkamp, Frankfurt 2003
Sonnenfinsternis auf dem Berg. Suhrkamp, Frankfurt 2005
Das Buch Kalligaro. Suhrkamp, Frankfurt 2007
Das Pendel. Suhrkamp, Berlin 2011
Über Juden. Suhrkamp, Berlin 2012
Europa und die Nationalstaaten. Suhrkamp, Berlin 2013

Zu den Herausgebern

Dr. Erhard Busek wurde 1941 in Wien geboren. Seine politische Laufbahn begann Busek 1964 nach Abschluss seines Studiums an der Universität Wien als Parlamentsabgeordneter der Österreichischen Volkspartei (ÖVP). Während der Kanzlerschaft von Bruno Kreisky wurde er 1975 zum ÖVP-Generalsekretär bestellt. Von 1976 bis 1989 war er Landesparteiobmann der Wiener ÖVP, der ganz zu Beginn der Umweltschutz-Bewegung ein grünes Image gab ("bunte Vögel"). 1978 bis 1987 war er Vizebürgermeister und Landeshauptmann-Stellvertreter von Wien.

1989 wurde Busek als Bundesminister für Wissenschaft und Forschung in die österreichische Bundesregierung unter Bundeskanzler Dr. Franz Vranitzky (SPÖ) berufen. 1991 wurde er Bundesparteiobmann der ÖVP. Von 1991 bis 1995 war er Vizekanzler in der Großen Koalition mit der SPÖ. Nach seiner Ablöse an der Parteispitze durch Dr. Wolfgang Schüssel 1995 widmete er sich verstärkt seinen europapolitischen und kulturellen Interessen und übernahm den Vorsitz des Instituts für den Donauraum und Mitteleuropa (IDM). Seit 1996 ist er Koordinator der Southeast European Cooperative Initiative (SECI) und war von 2000 bis 2012 Präsident des Europäischen Forums Alpbach. Von 2002 bis 2008 arbeitete er als Sonderkoordinator des Stabilitätspakts für Südosteuropa. Von 2004 bis 2011 war Erhard Busek der erste Rektor der Fachhochschule Salzburg. Heute ist er in vielerlei Funktionen im Rahmen der EU-Strategie für den Donauraum tätig.

Peter Langer, 1950 in Heidelberg geboren, studierte Germanistik, Geschichte und Politik, ist Dozent für Kulturgeschichte und -poilitik, war von 1984 bis 1997 Stadtrat in Ulm und leitete dort Kulturzentren und -festivals. Von 1998 bis 2010 war er Intendant des Internationalen Donaufests in Ulm und Neu-Ulm, das auf seine Initiative zurückgeht. Er baute das donau.büro.ulm, eine Projekt- und Entwicklungsagentur für die politische, kulturelle und wissenschaftliche Zusammenarbeit mit Südosteuropa, auf und leitete es von 2002 bis 2010. 2008 war er Mitgründer der Europäischen Donau-Akademie, als deren Direktor er bis heute tätig ist. 2009 wurde er zum Generalkoordinator und Sprecher des Rats der Donaustädte und -regionen bestimmt. 2010 machte ihn Dr. Erhard Busek zu seinem Stellvertreter bei SECI (Southeast European Cooperative Initiative). 2011 wurde er Donaubeauftragter der Städte Ulm und Neu-Ulm, seit 2012 ist er als Berater der baden-württembergischen Landesregierung in Fragen der EU-Strategie für den Donauraum (EUSDR) und aktuell in vielen Funktionen im Rahmen der EUSDR tätig. Seit 2013 gehört er dem Vorstand des Instituts für den Donauraum und Mitteleuropa (IDM) in Wien an. Für seine politische und kulturelle Tätigkeit im Donauraum erhielt er 2008 das Verdienstkreuz der Bundesrepublik Deutschland und 2009 den Europäischen Bürgerpreis.